HSU 「幸福論」シリーズ⑥

孔子の幸福論

Happiness Theory by Confucius

大川隆法

Ryuho Okawa

まえがき

幸福の科学大学の設立を構想するにあたって、産みの親である宗教法人で、研究すべき対象となるべき歴史上の人物に関して、事前に、宗教的アプローチによって幸福論のアウトラインを調査しておいた。内部的には公開し、出版もしていたが、文部科学省の公務員や、大学審議会のメンバーには簡単に入手できないため、「幸福論」の概要を知りたいという要請がなされた。

本来極めて重要な文献であって、対外的に一般公開すべき筋合いのものではないが、今回、ソクラテス、キリスト、ヒルティ、アラン、北条政子、孔子、ムハンマド、パウロの幸福論の八巻に分けて、一般書として公開する次第である。

これらは宗教側からのアプローチであるので、各種「幸福論」研究の手がかりとして大学側に提示し、更なる具体的な研究の出発点にするための本である。しかし、分かりやすい幸福論研究の実例としては、参考にするには十分であろう。

二〇一四年　八月十日

幸福《こうふく》の科学《かがく》グループ創始者兼総裁《そうししゃけんそうさい》
幸福《こうふく》の科学大学創立者《かがくだいがくそうりつしゃ》　大川隆法《おおかわりゅうほう》

孔子の幸福論　目次

まえがき　1

孔子《こうし》の幸福論

二〇一二年四月十九日　孔子の霊示《れいじ》
東京都・幸福の科学総合本部にて

1　孔子を招霊《しょうれい》し、その幸福論を聴《き》く　13

「世界の四大聖人《よんだいせいじん》」の一人である孔子　13
聖人たちは「人間完成への道」を説いていた　18
中国や日本、朝鮮《ちょうせん》に大きな影響《えいきょう》を与《あた》えた儒教《じゅきょう》思想　20

孔子が「霊的なもの」を理解していないとは考えられない 23
「理想の政治」を求めて諸国を行脚《あんぎゃ》した孔子 26
偉大《いだい》なる九次元霊・孔子を招霊する 28

2 人生の「各年代」における幸福論 30

幸福論を〝鬼退治《おにたいじ》〟にたとえる孔子 30
若い人の幸福論――一生の志《こころざし》を立てる 35
三十歳《さい》の幸福論――人として一人前になることを目標とせよ 38
四十歳の幸福論――自らの器《うつわ》を知る 39
五十歳の幸福論――人生の評価が大まかに固まる 41
六十歳の幸福論――将来に対する努力研鑽《けんさん》を忘れない 43
七十歳の幸福論――晩節《ばんせつ》を汚《けが》さない生き方を 46

八十歳の幸福論――末広《すえひろ》がりな繁栄《はんえい》を見る 49
九十歳の幸福論――惜《お》しまれつつ世を去っていく 50
「後世《こうせい》に影響力を遺《のこ》す」という幸福論もある 52

3 理想の教育はどうあるべきか 55

教師は「学を好む者」であれ 55
人材を世に送り出すことを目標とせよ 57

4 儒教と日本神道《しんとう》の関係 60

日本の「天孫降臨《てんそんこうりん》思想」は、儒教から出ているものではない 60
中国には根づいていない日本神道的な「和」の精神 63
「戦《いくさ》の勝利」と「和の精神」を貴《とうと》ぶ日本神道、
「学問性」が強く「礼学《れいがく》」を好む儒教 65

日本文明は神道と仏教を基本的な土台としている　68

5 「修己治人《しゅうこちじん》」の思想的問題点　70
体制側の責任逃《のが》れに使われかねない思想　70
易姓《えきせい》革命の思想が存在する理由　74

6 中国の行方《ゆくえ》と世界の流れ　78
民主化へのジレンマを抱《かか》えている中国の指導部　78
中国に「多元的価値観に基《もと》づく政党」が存在しえるか　82
イスラム教もイノベーションが必要な時期に入っている　85
幸福の科学の思想が中国を解放するだろう　88

7 幸福の科学の「宗教としての未来」　91
宗教における「啓蒙《けいもう》の難しさ」　91

宗教が「政治運動」を進めていく上での注意点 95
8 孔子の転生《てんしょう》の秘密 99
「ヨーロッパでの転生」については読者の想像に任せたい 99
現在がどうなるかによって、未来の予定は変わる 102
9 幸福の科学大学へのアドバイス 105
「大川隆法の思想」を正確に後世に伝えていく努力を 105
宗教性を隠《かく》す方向に傾《かたむ》かないよう気をつけよ 107
10 今回の霊言《れいげん》を振《ふ》り返って 111
「日本文明」と「中国文明」を明確に分けた孔子 111
幸福の科学が〝儒教的〟に流れていくことへの警告 113

「霊言現象《れいげんげんしょう》」とは、あの世の霊存在の言葉を語り下ろす現象のことをいう。これは高度な悟《さと》りを開いた者に特有のものであり、「霊媒現象《れいばいげんしょう》」（トランス状態になって意識を失い、霊が一方的にしゃべる現象）とは異なる。外国人霊の霊言の場合には、霊言現象を行う者の言語中枢《ちゅうすう》から、必要な言葉を選び出し、日本語で語ることも可能である。

なお、「霊言」は、あくまでも霊人の意見であり、幸福の科学グループとしての見解と矛盾《むじゅん》する内容を含《ふく》む場合がある点、付記しておきたい。

孔子《こうし》の幸福論

二〇一二年四月十九日　孔子の霊示《れいじ》
東京都・幸福の科学総合本部にて

孔子《こうし》（紀元前五五二～同四七九）

中国古代の春秋《しゅんじゅう》時代の思想家で、儒教《じゅきょう》の祖。魯《ろ》の国（山東省《さんとう》）に生まれ、その地で大司寇《だいしこう》（司法大臣）になるも、数年で退《しりぞ》き、諸国を巡《めぐ》り、道を説いた。その思想の核《かく》は、「人間完成の道」と「理想国家論」であり、その言行《げんこう》などを弟子《でし》が記《しる》したものが『論語』である。人霊《じんれい》としての最高霊域《れいいき》である九次元の存在（『黄金の法』〔幸福の科学出版刊〕参照）。

質問者　九鬼一《くきはじめ》（学校法人幸福の科学学園理事長）

市川和博《いちかわかずひろ》（幸福の科学専務理事 兼《けん》 国際本部長）

［質問順。役職は収録時点のもの］

1　孔子《こうし》を招霊《しょうれい》し、その幸福論を聴《き》く

「世界の四大聖人《よんだいせいじん》」の一人である孔子《こうし》

大川隆法　「世界の四大聖人《よんだいせいじん》」といわれる人たちがいます。それは、釈迦《しゃか》、孔《こう》子《し》、ソクラテス、キリストです。この四大聖人は、「宗教や哲学《てつがく》をつくり、道徳の基礎《きそ》にもなっている」ということで、「人類のここ二千数百年の時代に大きな影響《えいきょう》を与《あた》えた」と、一般《いっぱん》的に考えられています。

今日は、その一人である孔子をお呼びして、お考えをお聴《き》きしたいと思いますが、自由に語られると、どこに話が行くか分からないので、「幸福論」という絞《しぼ》りをかけてみました。

孔子は、当会の霊言集《れいげんしゅう》には、わりに早いうちから出てきている方であり、『孔子の霊言』は、すでに、初期の一九八〇年代の霊言集において出ています（注。現在は『大川隆法霊言全集 第15巻』〔宗教法人幸福の科学刊〕に所収）。ただ、霊言に登場した回数は多くないので、「ほかの仕事のほうが多いのではないか」と考えています。

また、「孔子は、現在、リエント・アール・クラウド（エル・カンターレの分身の一人）と一緒《いっしょ》に、宇宙に関係する仕事をしているらしい」ということも分かってはいるのですが、そちらのほうに話を持っていきすぎると、本日の主旨《しゅし》に合いません。そこで、孔子には申し訳ありませんが、できたら、「この世」のほうに焦点《しょうてん》を合わせていただきたいと思っています。

孔子は、どの時代の人かというと、紀元前五〇〇年ぐらいに、五十歳《さい》を少し超《こ》えた程度で、五十二歳ぐらいだったかと思われます。だいたい、そのあたりの年代と考えてよいのではないでしょうか。年代確定は難しいのですが、今から二千五百年前の紀元前五〇〇年ぐらいに、五十前後の年齢《ねんれい》だったと思います。

一方、釈迦の年代については諸説ありますが、近代の仏教学者たちは、釈迦の年代をだんだん若くしていく傾向《けいこう》があります。最新の通説に近いのかどうか知りませんが、仏教学者の故・中村元《なかむらはじめ》博士などの意見によれば、ソクラテスよりさらに若い年代である、二千三、四百年前ぐらいまで、時代を新しくしているのです。

しかし、私には、どうしても違《ちが》うように感じられます。それよりもう少し古いように思われるのです。仏教学者などが、考古学的にいろいろな王様の年代などを比べて、「一人の王様が、それほど長生きをしているはずがない」という考え方で年代を縮めていくと、釈迦の年代も、もう少し新しくなるのでしょうが、私には、そうではないように感じられます。

孔子が紀元前五〇〇年に五十歳ぐらいだとすると、釈迦は孔子より少し前の人でしょう。釈迦の晩年、つまり、釈迦が七十代ぐらいのときに、霊鷲山《りょうじゅせん》で『法華経《ほけきょう》』に当たるような法が説かれたわけですが、孔子は、そのころに生まれたのではないかと私は考えています。

したがって、釈迦は、「孔子よりも何十歳か年上だった」と言われている老《ろう》子《し》に、年代的には近いのではないかと思うのです。

そして、ソクラテスが生まれたのは、孔子の晩年ぐらいでしょう。孔子は、紀元前五〇〇年ごろに五十歳前後であり、七十代まで生き、紀元前四八〇年から四七八年ぐらいに亡《な》くなっていますが、そのころに、ソクラテスが生まれたのではないかと思われるので、孔子と入れ替《か》わるようにして、ソクラテスが生まれたのではないかと思います。

「釈迦、孔子、ソクラテスという順序で、だいたい、少しずつ、かすかに重なりながら、バトンタッチしたような生まれ方をしているのではないか」というのが、私の考え方です。

この紀元前五〇〇年ごろを中心とする数百年間は、こういう偉《えら》い人がたくさん生まれていた時代なので、これを、哲学者のヤスパースは「枢軸《すうじく》の時代」と呼び、「人類にとって非常に重要な時代だ」と位置づけています。この時期に、エリヤやイザヤなどの預言者《よげんしゃ》も生まれていると言われているのです。

イエス・キリストは、今から二千年ぐらい前の人なので、少しだけ時期がずれるのですが、現代文明の源流をつくっているのは、だいたいこの時代であり、各地に偉大《いだい》な人が大量に出たのではないかと言われています。

聖人たちは「人間完成への道」を説いていた

大川隆法　「釈迦は、悟《さと》りを開き、最終的には、『修行《しゅぎょう》して悟りを開くことによって、人は仏になれる』という思想に至った」と捉《とら》えられています。つまり、仏教は、「悟りを求める宗教」です。さらに、悟りを求めている途中《とちゅう》の者が菩薩《ぼさつ》であり、悟るとは、「菩薩から仏になる」ということになります。

釈迦は、この「仏になれる」という思想をインドで説いたわけですが、孔子は、中国に降りて「聖人の道」を説いたと考えてよいでしょう。孔子は、「どのように生きれば聖人になれるか」というようなことを説きました。

また、孔子は、「理想の政治」についても説きましたが、それを説くに当たっては、「君子《くんし》のあり方」というものを念頭に置いていたと考えてよいと思います。

「聖人君子」と言いますが、孔子はこれについて考えていたのであり、言い方は違いますが、ある意味では、釈迦と少し似ているかもしれません。両者とも、「人間の完成への道」を説いていたことでは同じです。

それから、ソクラテスもまた、「哲人（哲学者）」、すなわち、知を愛する人（愛知者《あいちしゃ》）になることが、人間として素晴《すば》らしいことだ」と考えました。これは、「真理を知る者こそ、人類の王者、人間の王者だ」というような考えでしょう。その意味で、彼は、「哲人政治が理想だ」ということを説いたと思われます。プラトンの筆《ふで》によれば、そのように考えられるのです。

「仏」を目指すか、「聖人君子」を目指すか、「哲人」を目指すか。言い方や言葉はそれぞれ違いますが、「理想の人間像」を目指した思想が説かれたのは、やはり、この「枢軸の時代」であったのではないかと考えられます。

その人たちの生まれた地域、あるいは、その時代の文化や思想にやや違いがあるので、違った形態で教えが遺《のこ》っているわけですが、この時代は、本質的には、「理想の人間像」を求める思想が出てきた時代であったのです。

中国や日本、朝鮮《ちょうせん》に大きな影響《えいきょう》を与《あた》えた儒教《じゅきょう》思想

大川隆法　もし、中国に孔子が生まれなかったら、どうなっていたでしょうか。

昔の中国には、偉い人がたくさん出ていたので、「諸子百家《しょしひゃっか》」の時代においては、孔子も、そのなかの一人であったでしょう。しかし、日本人的な感覚からすると、孔子の儒教《じゅきょう》が生まれなかったら、中国の歴史の半分ぐらいはなくなるようにさえ感じられます。そのくらいの〝重さ〟を感じるのです。

中国において、儒教に基《もと》づく教えは、近代に至るまで、すなわち、中国がヨーロッパ諸国の植民地にされていく時代ぐらいまで続いていました。要するに、二千数百年にわたって続いていたのです。このことは大きかったと思います。「諸子百家」といわれたぐらい、いろいろな学派があったなかで、孔子の教えは生き延び、二千年以上、体制を支える思想になったのです。

それから、日本では、徳川《とくがわ》時代になると、儒教がある意味で国教化したようなところがあります。

天皇制において、京都を中心とする天皇の存在は日本神道《しんとう》の象徴《しょうちょう》ですが、江《え》戸《ど》幕府が開かれると、幕府は、儒教思想をわりと中心に置きました。

当時、儒学は実学的に見えたのではないかと思われますが、これには、「秩《ちつ》序《じょ》」を重んじ、体制を崩壊《ほうかい》させないような教えが、けっこうきっちりと入っていますし、「礼儀《れいぎ》」や「礼節」も説くので、「いったん統一した天下を壊《こわ》したくない」という気持ちがあって、幕府はこれを選んだのかもしれません。

また、おそらく徳川時代には、孔子学派の流れを汲《く》む人たちが、日本人として数多く生まれているのだろうと思います。

そういう意味で、日本も、儒教文化の影響《えいきょう》をかなり受けているのです。

さらに、儒教は朝鮮《ちょうせん》半島にも入っており、儒教思想は、そうとう深く流れていると言われています。あの北朝鮮であっても、儒教思想がないわけではありません。北朝鮮の指導者は、初代（金日成《キムイルソン》）、二代目（金正日《ジョンイル》）、三代目（金正《ジョン》恩《ウン》）ときていますが、三代目が、先代や先々代を大げさに祀《まつ》ったりしていることには、儒教思想が影響していると考えられます。

いずれにせよ、すでに二千五百年がたち、思想としては、多少、耐用《たいよう》年数が切れてきているので、新しい思想が出てくるべき時期が来ているのではないかと思います。

孔子が「霊的《れいてき》なもの」を理解していないとは考えられない

大川隆法　ただ、孔子の儒教については、「宗教ではない」という考えも、あることはあるのです。

孔子の教えのなかには、「鬼神《きしん》について語らない。幽霊《ゆうれい》など、魂《たましい》について語らない」というようなことを言っている部分もあるので、「だから、宗教ではない。道学《どうがく》であり、道を説いただけだ」という言い方もあります。

しかし、漢和辞典で有名な白川静《しらかわしずか》氏の『孔子伝』を読んでみると、「孔子は、おそらく巫女《ふじょ》（巫女《みこ》のこと）の子供であろう」というようなことが書いてあるのです。

これが通説かどうか詳《くわ》しくは分からないのですが、白川氏は、「名前や生まれた環境《かんきょう》などをいろいろ調べたところ、孔子は、神降《かみお》ろしをしていた巫女が産んだ子供だと推定される」というようなことを、はっきりと述べています。

神降ろしをする巫女さんが産んだ子供であるならば、孔子が霊的なものを理解していないとは考えられません。

それから、孔子の思想のなかには「天《てん》」という言葉が出てきますが、これは「神」に代わる言葉でしょう。「天帝《てんてい》」などを意味する、「天」という言葉が出てきているのです。

また、孔子が、「君子」について、「天の意志を受けて地上を治めるべき人」という考え方を持っていたことを見れば、孔子の思想は、宗教的な教えと、そう大きな違いはないのではないかと思われます。

孔子の思想として文字で遺っているものを見ると、政治色《しょく》が強いために、宗教色は弱くなってはいますが、儒教でも、人が死ぬと、とても麗々《れいれい》しく葬儀《そうぎ》を行うので、仏教の大々的な葬儀と、そう大きく変わらないところもあるのです。

ただ、印象としては、儒教よりも、民間宗教に近い道教《どうきょう》のほうがやや霊的であり、霊術《れいじゅつ》的なものを好む傾向があるように思います。道教では、先ほど述べた老子や荘子《そうし》等の教えが、思想的中心と考えられています。

「理想の政治」を求めて諸国を行脚《あんぎゃ》した孔子

大川隆法　孔子は、「理想の政治」を求めて諸国を行脚《あんぎゃ》したのですが、本質的には宗教的な人物だと私は見ています。彼は、諸国を歩いて「理想の政治」を語り、一時期、宰相《さいしょう》にもなれましたが、それは短期間で終わってしまい、流浪《るろう》が人生の大部分であったようです。

そのため、どこか幸福実現党を彷彿《ほうふつ》させ、涙《なみだ》が流れる面が少しあります。当会には、「理想の政治」を語っても、なかなか政策を採用してもらえず、それでも言い続けているようなところがあるので、こういう儒教的なものを多少は持っているのかもしれません。

釈迦は、「理想の政治」について、少しは説いたことがありますが、その量は少ないのです。

一方、孔子は、「理想の政治」を、ずばり求めていましたし、「自分を宰相にすれば、国がうまくまとまる」というようなことを言っていたわけですが、それがなかなか認められず、採用してもらえませんでした。

そういう経緯《けいい》があるので、孔子には、一部、当会と似ている部分もあるのです。当会の教えには、孔子の思想の枢要《すうよう》な部分、彼の根本《こんぽん》的な思想と似通《にかよ》ったところがあるのではないかと考えています。

以上が前置きです。

現在、中国が問題になっているので、今日は、そうしたことに関しても、孔子から何らかの意見を聴くことができるのではないかと思います。質問者席には、当会の国際本部長も座《すわ》っていますが、彼は、そのあたりについての質問も考えているかもしれません。

なるべく、「人類の知的遺産」として遺せるような話が録《と》れれば幸いだと思っています。

偉大《いだい》なる九次元霊《れい》・孔子を招霊《しょうれい》する

大川隆法　それでは、孔子を招霊《しょうれい》いたします。

幸福の科学の指導霊団《しどうれいだん》の一人にして、偉大《いだい》なる九次元霊・孔子よ。どうか、幸福の科学総合本部に降りたまいて、われらに、「幸福論」について中心的にお説きくださいますよう、お願い申し上げます。

孔子の霊、流れ入《い》る、流れ入る、流れ入る、流れ入る、流れ入る……。

孔子の霊、流れ入る、流れ入る、流れ入る、流れ入る、流れ入る……。

（約二十秒間の沈黙《ちんもく》）

2 人生の「各年代」における幸福論

幸福論を〝鬼退治《おにたいじ》〟にたとえる孔子

孔子　孔子です。

九鬼　おはようございます。

孔子　ああ、おはよう。

九鬼　本日は、九次元の高き霊域《れいいき》より、地上にある幸福の科学総合本部にご降臨賜《たまわ》りまして、まことにありがとうございます。

孔子　うーん……。

九鬼　私《わたくし》は、幸福の科学学園の九鬼と申します（収録当時）。

本日は、「孔子の幸福論」というテーマを賜りました。

孔子様より、現代に生きる私たちに対しまして、「幸福論」をお説きいただければ幸いに存じます。

孔子　うん。

九鬼　さっそくですが、最初の質問です。

現代の、非常に複雑化した社会のなかで、人々は幸福を追い求めていますが、幸福をなかなか得られずに苦しんでいる人もたくさんいます。

そこで、まず、私たち一人ひとりが幸福になるために必要な心掛《こころが》けについて、「人生を全《まっと》うする道」という観点から、お教えいただければ幸いです。

孔子　君、名前が変わっているね（会場笑）。

九鬼　はあ（苦笑）。

孔子　「鬼《おに》」が「九匹《ひき》」か。

九鬼　はい。

孔子　鬼は幽霊《ゆうれい》だよなあ。中国語では、「鬼」は「幽霊」のことだからなあ。幽霊が九匹……。うーん、面白《おもしろ》いなあ（会場笑）。

九鬼　（苦笑）

孔子　うーん。そういう名前がよく現代まで遺《のこ》ったなあ。そして、君はその名前で、よく宗教法人に就職したな（会場笑）。

幸福論というのは、〝鬼退治〟なんだよ。

九鬼　（苦笑）そうでございますか。

孔子　ある意味では、「どうやって鬼を退治するか」が幸福論なんであって、幸福論にとっては、〝鬼を九匹も持っている人を、どうやって退治するか〟ということが、非常に大事なことではあるんだよなあ。

人の心のなかには〝鬼〟が住んでおってな、それを追い払《はら》わねばならんのだ。

若い人の幸福論――一生の志《こころざし》を立てる

孔子　まあ、幸福論について教えたいことは数多くあるので、何から言うべきか、分かりかねるものはあるけれども、やはり、年齢《ねんれい》相応というか、年代相応に、大事なことは違《ちが》っているところがあるかもしれないね。

あなたが、どの年代の人に対する幸福論を求めているかによって、その内容には多少の違いが出ると思う。若い人から晩年の人に至るまで、まったく同じというわけでは、必ずしもないだろうな。

まず、若い人にとっての幸福論は、やはり、「志《こころざし》」の問題かな。立志《りっし》だね。立志が幸福論につながっていく。

つまり、どのような志を持つかだ。その志というのは、人生の方向だな。人生の方向性をどう打ち立てるかが大事だよ。この立志のところで誤りを犯《おか》しておれば、あなたがたが言う幸福は来ないであろうな。

立志において、例えば、何でもよいのだけれども……、まあ、日本に入ってきた儒教《じゅきょう》の流れのなかにも、いろいろな違いがあるわな。

なかには、任侠道《にんきょうどう》を説いているような者もいるわけで、十代から暴走族や暴力団の下部組織のようなものに入り、入れ墨《ずみ》を彫《ほ》って暴れてみたり、暴力をも辞さない極端《きょくたん》な右翼《うよく》になっていったりするような者もいるからね。

それには、少し道を取り違えているものがあると思うけれども、「志が何であるか」ということは大事だろうね。

やはり、人は、十有五《じゅうゆうご》にして志を立てなければいけない。十五歳《さい》というと、今の日本で言えば、高校に入るころだね。中学三年生から高校に入るころかと思うけれども、そのころに志を立てるべきだろう。

つまり、「一生を貫《つらぬ》く職業として、自分は何を目指すか」というようなことを考えて、その自分の目指す職業の方向に向かって、勉学を仕上げていかねばならない時期だろうね。

この時期に、例えば、先ほど言ったような、悪友と交わって、極道《ごくどう》の道に入るような人もいれば、遊興《ゆうきょう》の道というか、遊びの道に入る人もいれば、荒《あ》れて、家庭内暴力のような世界に入る人もいる。あるいは、真面目《まじめ》に勉強する人もいれば、家の手伝いに入る人もいるかもしれない。まあ、いろいろだけれども、やはり、十五という年を一つの目処《めど》にして、一生の志を立てるべきであり、そのあと、それに基《もと》づいて学問の道を選んでいくことが大事かな。

若いころの立志が、幸福への道を開くことになるだろうね。

三十歳《さい》の幸福論――人として一人前になることを目標とせよ

孔子　次は、「三十にして立つ」ということになりますが、やはり、三十歳《さい》では、一人前になることを目標とすべきだろうね。

「三十歳ぐらいまでに、いちおう学業の基礎《きそ》を終え、自分の人生を支える一生の仕事を得て、生活の基盤《きばん》を築き、望むらくは、結婚《けっこん》もし、家庭の基礎を固めておく」ということが大事だ。つまり、「人間として一人前になる」ということだね。

三十歳までに、だいたい、一人前の人間として、社会人として、「独立」を認められるような存在になる。仕事の面でも、何らかの専門を持っていて、十分、食べていけるし、家族も養えるぐらいの存在になっていく。それが、基本的な考え方だろう。

三十歳前後の幸福論としては、そういうことだろうとは思うな。

四十歳の幸福論――自らの器《うつわ》を知る

孔子　さらに、「四十《しじゅう》にして惑《まど》わず」ということもある。

親からも独立し、自立して職業を持ち、自分の手足で働いて稼《かせ》いだもので家族を養える身となって、十年。まあ、二十歳《はたち》過ぎから働く人もいるので、それを言えば二十年になりますが、三十歳で社会人として一人前になってから、十年。そのころには、やはり、不惑《ふわく》の年を迎《むか》えねばならんでしょうね。

ここで、人間としての器量《きりょう》、器《うつわ》というものが、だいたい見えてくる。それが、四十という年だと思うね。

四十歳というのは、現代の日本社会で見ても、一般《いっぱん》的に、管理職になる基本的な年齢だろうと思うんだな。

つまり、「管理職になれる器か、そうでないか」というのは、四十歳のときには、もう、はっきりと分かれているだろうね。管理職か、専門職か。あるいは、ただの雇《やと》われ人《びと》として生きていくか。「どれが尊く、どれが駄目《だめ》」というわけではないけれども、自らの器を知る時期が、四十歳ということだろう。

三十歳で自立し、英語で言う「インディペンデント」になった状況《じょうきょう》から十年間で、やはり、自らの器を磨《みが》き上げ、大きさをつくらなければならない。「自分がどれだけの責任を負える存在であるか」を知らなければならないと思うね。
それが、四十という年かな。

五十歳の幸福論――人生の評価が大まかに固まる

孔子　さらに、五十には五十の幸福論がある。
四十というのは、今、言ったように、自らの道に関して不退転《ふたいてん》の意志を持ち、要するに、「自分の進む道はこれしかない」と肚《はら》が決まって、迷わなくなる年だね。転職の多い時代に入ったので、まだまだ幾《いく》つか転職する人もいるかもしれないけれども、大成しようと思うなら、できれば四十歳ぐらいで、一生を貫く仕事を持っていたいものだね。

四十歳から、別の仕事に就《つ》くこともあろうし、それは、「生活の生業《なりわい》を立てる」という意味ではありえるけれども、やはり、「大成していく」ということであれば、四十にして一生を貫く仕事が固まっていないようでは駄目だろうね。これから、大成への道に入っていくのでね。

それで、「五十の幸福論」っていうことになりますと、どうでしょうかね。

まあ、五十歳というのは、一つの専門家としての完成のときかなあ。四十歳にして不退転でなければいかんと思うが、五十歳では、専門家として完成し、その道で一流になっていなければいけないね。五十という年を、一種の権威《けんい》となる年として、その道で一流にならなければいけない。

学者ならば教授となり、ある程度、名前が定まっていなければならないし、あるいは、いろいろな業種においても、やはり、その道の第一人者として、名が固まっていなければいけない。それが、五十という年だね。

だから、五十というのは、人生の評価が大まかに固まっていなければいけない年かな。それが、五十歳の幸福だろうね。

世間《せけん》や家族、あるいは全体から見て、「この人は、『こういう人』として世に認められている」という評価が、ある程度、固まっていることが、五十歳の幸福ということになろうな。

六十歳の幸福論――将来に対する努力研鑽《けんさん》を忘れない

孔子　六十歳は、還暦《かんれき》ということになるけれども、一般には、定年を迎える人が多いことは多い。

このころには、体力的に弱ることもあり、自分の将来に対して不安になることもあり、また、子供も完全に手が離《はな》れていくこともあるので、未来に対する希望が薄《うす》れてくる。そういう年が、六十という年だと思うんだ。

ただ、やはり、ここで、「一生の意味をだいたい終えるか終えないか」という判断がなされるのかなという気がするね。

六十歳にして、まだ、学ぶ心を忘れない者には、それから先に、晩年の大成が待っていると私は思う。

つまり、六十歳にして、まだ、自己投資というか、自分自身の将来に対する努力研鑽《けんさん》を忘れない人は、さらに豊かな完成期の晩年を持つことができるだろう。一方、六十歳にして「人生をだいたい終えた」と思う人は、普通《ふつう》の人であり、「好々爺《こうこうや》として生きていく。よき老人として、周りの人に迷惑《めいわく》をかけずに生きていく」ということが目標になろうなあ。

このように、六十歳は、「人間としてのさらなる完成があるかどうか」ということがかかった年齢だ。六十プラスマイナス何年かあると思うけれども、ここでもう一度発心《ほっしん》する人には、さらに先の未来が待っていると思う。

普通の人の場合は、一般的な仕事、例えば、事務仕事や筋肉を使うような肉体的な労働ならば、だいたい、六十歳ぐらいで終わってしまうことが多い。しかし、六十歳にして、まだ、知的投資をし、勉学に励《はげ》むようであれば、その人には、もう一段、大きな完成への道が待っているだろうね。もう一段、大きな師として、多くの人たちから仰《あお》がれるような未来が待っているのではないかな。

そのように思うね。

七十歳の幸福論——晩節《ばんせつ》を汚《けが》さない生き方を

孔子　七十という年は、うーん、そうだねえ……。

まあ、六十は、周りの人の意見もよく聞いて、自分の人生を間違わずに生きることができるようにならなければいけない年ではある。

けれども、七十という年になると、自分のやりたいことや思いついたことをやっても、「矩《のり》を踰《こ》えず」という……。つまり、「社会の規範《きはん》を乱すことや、老害に当たるようなこと、あるいは、晩節《ばんせつ》を汚《けが》すようなことをしない人物になっている」ということが、七十歳では大事だね。

途中《とちゅう》まで、ずっとよい人生を送って、有名人になったり、事業で成功したり、大金持ちになったり、学者として名を上げたりし、いろいろなことで大成していっているように見えたとしても、老いて名を汚すような人もいる。

例えば、マスコミなどで非常に取り上げられた名経営者が、七十歳ぐらいで失脚《しっきゃく》し、刑務所《けいむしょ》に入ったりするようなこともあるね。

あるいは、「老害のような感じになる」とか、「会社を私物化して悪いことをする」とか、「会社を潰《つぶ》す」とか、「社会に害悪を流す」とか、そのように、いろいろなことが起きやすい年齢が、七十歳だろうと思う。

したがって、七十歳では、「心の欲《ほっ》するところに従って矩《のり》を踰《こ》えず」ということで、晩節を汚さない生き方ができることが大事だね。

年を取ってから欲が強くなっていく場合、まあ、「理想が大きい」ということ自体は悪いことではないけれども、そうではなく、「人間としての自制心を失って、自己拡大欲、単なる利己欲の拡大になり、自分を客観視することができなくなって潰れてしまい、晩節を汚す」という人が後を絶たない。こうしたことへの自戒《じかい》が必要な年が、七十だね。

だから、「晩節を汚さないようにする」という意味で、慎《つつし》みつつ堅実《けんじつ》に努力をし、また、出処進退《しゅっしょしんたい》についても、よく考えるべきだね。

要するに、「自分は、どの程度の仕事ができ、どの程度の影響力《えいきょうりょく》を与《あた》えるのが正当であるのか」、また、「後進の者に、どの程度、仕事を譲《ゆず》っていくべきか」、あるいは、「次のリーダーをきちんと育てているかどうか」ですね。

なかには、自分がワンマンでするためだけに、次のリーダーを全部〝消して〟いくような人だっていることはいるのでね。

「晩節を汚さない」という美徳を深く考えるべき年が七十であり、それが、その七十歳前後の「幸福論」ということになりますね。

八十歳の幸福論――末広《すえひろ》がりな繁栄《はんえい》を見る

孔子　八十歳というのは、現代人としては珍《めずら》しくない。平均的な日本人で、事故に遭《あ》わず、大きな病気にならなかった人は、八十歳ぐらいまでは、普通に生きておりますね。

まあ、八十歳の幸福論というのは、まずは、「まだ、自分でしっかり体を動かすことができ、頭もボケていない状態で、いろいろなことが認識できる」ということだね。それだけでも十分な幸福ではあるけれども、さらに、「自分の手がけた仕事なり、自分のつくった家族なり、その他が、末広《すえひろ》がりに繁栄《はんえい》していく様子を見る」ということも、非常に大きな幸福だろうねえ。

「八十歳にして、子孫や自分の育てた部下たち、後進の者たち、あるいは、世間の人々から、嫌《きら》われることなく、尊敬を受け、体も健康であり、認識力も衰《おとろ》えていない状態で、場合によっては、まだ、仕事が続けられている」というのは、人間としては極《きわ》めて幸福な部類に入ると言ってよいと思いますね。

九十歳の幸福論――惜《お》しまれつつ世を去っていく

孔子　まあ、一般的に、寿命《じゅみょう》は八十歳ぐらいまでだろうとは思うけれども、まれに、九十歳を過ぎる人もいるね。

先ほど大川総裁が言われた、私の伝記を書いた方も、九十五歳ぐらいまで現《げん》役《えき》で、毎日毎日、『漢和辞典』等を書いておられたようであるけれども、「九十五歳ぐらいまで現役で仕事に活躍《かつやく》できる」というところまでいくと、おそらく、万に一人ぐらいの難しさにはなってくると思う。ただ、まれに、そこまでの天《てん》寿《じゅ》に恵《めぐ》まれて、ボケることもなく現役で仕事をし、天寿を全うできる人もいる。

まことに、この世的には完成した方であって、「九十五歳にして、まだ仕事をし、惜《お》しまれつつ世を去っていける」というぐらいの人は、孔子的に言えば、「君子《くんし》」と言ってもよいのではないかねえ。君子でなければ、「聖人」だな。「聖人の道を歩んだ」と言ってもよいかな。

九十五歳まで人生を全うする人で、目にとまる人も、現代では何人かいるけれどもね。そこまで人生を全うし、尊敬を受けながら亡《な》くなっていく方というのは、やはり、少なくとも「聖人の道を生きた」と言うことができるだろうね。

「後世に影響力《えいきょうりょく》を遺《のこ》す」という幸福論もある

孔子　それからあとの幸福論は、死後の幸福論だし、「後世の人たちの自分に対する評価がどうなるか」ということになろうけれどもね。まあ、「二千五百年も思想が遺《のこ》る」というのは、別途、違った意味での幸福論になろうかとは思うがね。

今、年代を区切って一般的な幸福論を語ってみましたけれども、私が生きていたときは、この世的には、必ずしも思ったようにはならず、人々に受け入れられないことも多かった。私の教えに対して、「それは理想論であり、現実的ではない」という意見も多かったわけだ。

現実の政治をしている人たちは、権力闘争《とうそう》や「食べていくこと」についての問題、戦争など、そういう問題をたくさん抱《かか》えていたので、それらと対峙《たいじ》し、対処していくことが、政治の仕事であった。

そのため、「礼をもって、政《まつりごと》の中心思想としていく」という私の考え方には、そう簡単には受け入れられなかった面がある。私の教えは、当時、「理想家肌《はだ》の人の、現実性の低い考えである」と思われていたのだろうと思うが、それに、意外に「普遍《ふへん》性があった」ということかな。

私の人生そのものを見ると、「決して、恵まれた結果にはならなかった」と言えるかもしれないが、いろいろな国を放浪《ほうろう》した結果、「孔門《こうもん》三千人」といわれるほど、各地に弟子《でし》ができたし、弟子たちのうちの有力な者たちは、いろいろな国の大臣や宰相《さいしょう》等にも任命された。私自身には、結局、理想政治を実際に行う機会はほとんどなかったけれども、ある程度、影響力《えいきょうりょく》を遺すことができたし、さらに、中国を越《こ》えて、朝鮮《ちょうせん》半島や日本その他の国にも、多少の影響を遺すことができた。それは、うれしいことかと思います。

幸福論を考える際には、「一つのことでもって一生を貫く」ということも大事かと思うけれども、まずは、あなたがたの入門用に、「『年齢相応の幸福論があるる』ということを、一つ考えたほうがよいのではないか」と申し上げました。

九鬼　各年代における「幸福の道」を非常に分かりやすく教えていただき、ありがとうございます。

3　理想の教育はどうあるべきか

教師は「学を好む者」であれ

九鬼　幸福の科学学園では、「自らを磨《みが》きつつ、高貴なる義務を果たすエリートを輩出《はいしゅつ》したい」という願いを込《こ》めて、教育に取り組んでいます。

これは、孔子様のおっしゃる「君子《くんし》への道」と軌《き》を一《いつ》にするのではないかと思いますし、また、最初に述べられた「志《こころざし》」とも相通《あいつう》ずるものだと思います。

そこで、この「高貴なる義務を果たす」という点につきまして、何かお言葉を頂ければ幸いです。

孔子　よろしいのではないでしょうか。教育は大事ですよ。

もちろん、学問は、自分一人でもできるものではあるけれども、最初は教わらなければいけない面が、そうとうありますからね。

だから、情熱のある教師といいますか、そうした教え主《ぬし》がいなければ、新しい学園なり大学なりは出来上がってこないでしょう。

もし、学問を、「単なる知識や技術だけを教える程度のもの」と思っているならば、入学してくる人も、その程度の者であろうし、卒業してもその程度の者でしょうね。

したがって、やはり、「学を好む者」が指導者としていなければ駄目《だめ》です。

学びというものを通して喜びを感じ、学びというものを通して自分の成長を幸福と感じる人。すなわち、学びというものを通して、自己の認識力や理解力等を高め、それをもって自己の成長と考えて、喜びを感じる者。そうした、「学びを喜びとする者」が上にいなければ、教わる側の学生、生徒たちも、そう幸福ではなかろうね。

人材を世に送り出すことを目標とせよ

孔子　「有名大学に何名合格する」などということも、あなたがたの努力目標としてあるのかもしれないけれども、「それだけが最終的な目標」というのは、さみしいものであって、やはり、「人物、人材を送り出していくこと」を目標にすべきであろうと思いますね。

「人間としての深さ」や「志の高さ」、あるいは、「世界に貢献《こうけん》していこうとする思い」を育てていくこと。それから、「自らを『聖人君子《せいじんくんし》への道』に導いていこうとする高邁《こうまい》な精神」を植え続けていくこと。こうしたことが大事だね。学校とは、そういうものを育てるための触媒《しょくばい》であり、産婆《さんば》役であり、その学校に入ることや、卒業すること自体が目標であってはならない。そのなかから、そういう「高貴なる精神」を身につけた人材を送り出していくことが大事だということだね。

そうした、あなたがたの志が、人を育てるようになるだろうと思うので、「上に立つ者の志は、できるだけ高く、清らかなものでなければならない」と、私は思いますね。

もちろん、「この世的に役に立つ人材をつくること」も大事かとは思いますが、それは、人間として生きるための下半分の部分であり、上半分は、やはり、「理想に生きなければいけない」のではないでしょうか。私は、そのように考えますね。

九鬼　ありがとうございます。

お教えを心に刻《きざ》み、しっかりと精進《しょうじん》してまいりたいと思います。

4　儒教《じゅきょう》と日本神道《しんとう》の関係

日本の「天孫降臨《てんそんこうりん》思想」は、儒教《じゅきょう》から出ているものではない

九鬼　少し観点が変わりますが、もう一点、質問させていただきます。

あなた様は、天上界《てんじょうかい》において、「秩序《ちつじょ》や礼節を中心とする紫《むらさき》色の光線を司《つかさど》っておられる」とお教えいただいておりますが、「その紫色の光線のなかには、日本神道《しんとう》系の神々も属しておられる」とも承《うけたまわ》っております。

そこで、可能であれば、日本神道の神々との関係についてお教えいただければ幸いです。

孔子　うーん。それは難しいですね。うん。それは難しい。うーん、実に難しい。だから、うーん……、難しいと思いますね。

日本神道は日本神道で、いろいろな教えを持ってやっておられるし、いろいろな傾向《けいこう》を持っておられるので、必ずしも、「儒教《じゅきょう》が日本をすべて指導した」とは言いかねる面があります。

また、日本にはもう一つ、天孫降臨《てんそんこうりん》思想も入っており、「天の神々が地に降臨されて、皇室を代々つくり、現代にまで至っている」という思想がありますけれども、中国は、必ずしもそういうかたちではないのでね。

つまり、「皇室の祖先が神々である」ということで、日本は、「血統的な、生まれつきの君子が存在する国」ということになっています。皇室が百二十五代続いた理由も、ある意味で、時代に流されずに、その徳を維持《いじ》したことにあるのだろうと思うのですね。

一方、中国の場合は、王朝というものは開けますけれども、「それは天命によって開けるものだ」という考えがあって、長くても、三、四百年たてば、だいたい革命が起き、終わりを迎《むか》えています。

要するに、中国では、「天の命《めい》が革《あらた》まり、次の指導者が出てきて、新しい王朝を立てる」というようなことが繰《く》り返し起きているんですねえ。

日本では、もちろん、幕府とか、そういうものの入れ替《か》わりは起きておりますけれども、「その上に天皇がいる」という制度がずっと続いております。この思想そのものは、ずばり私の考えから出ているかと言えば、必ずしもそうとは言えないと考えます。

これ（天孫降臨思想）は、儒教ではなく、長らく世界各地にある王制や、王権神授《しんじゅ》説的なものと一体性のあるものかなと思いますね。あるいは、君主制なども一体性のある思想が流れてはいるのかなと考えます。

中国には根づいていない日本神道《しんとう》的な「和」の精神

孔子　さらに、日本独特の「和」の精神は、中国のものとは少し違《ちが》うでしょう。中国は、そのようには、必ずしもなっていないのでね。日本神道《しんとう》的な「和」の精神は、中国には、あまり根づいているとは思えない。

私の時代、すなわち、諸子百家《しょしひゃっか》の時代は、やはり、百家争鳴《ひゃっかそうめい》で、みな、侃々《かんかん》諤々《がくがく》の議論をする時代でした。今で言うディベートですね。いろいろな学派によって意見が違っており、意見をガンガンぶつけて、自分たちの弟子《でし》を増やしていたわけです。そうした、学派としてのスクールがたくさんあるような時代でした。

日本には、そういうものがあまり多くないですよね。何か一色に染まることが多いというか、一つの時代が一つの色に染まることが、わりに多うございますね。

したがって、必ずしも一緒《いっしょ》とは言えない。

おそらく、日本の神様は日本の神様として、また違った考え方をお持ちなのではないでしょうか。

「戦《いくさ》の勝利」と「和の精神」を貴《とうと》ぶ日本神道《しんとう》、「学問性」が強く「礼学《れいがく》」を好む儒教《じゅきょう》

孔子　私たちから見ると、「和」の精神が日本のなかにあるのと同時に、もう一つ、日本の古代の神々は、どちらかというと、戦神《いくさがみ》というか、戦に勝利した人たちを神様として祀《まつ》った面が多いと思います。

つまり、実際に戦に勝利した人たちが、昔の天皇とかになったのだろうし、「その戦に勝利した人が、神に戦勝を祈願《きがん》して、死後、自分自身も神になる」というようなところがあったわけです。

そういう意味で、日本神道《しんとう》においては、「この世的にも勝利する」「戦にも勝利する」ということが神様の条件とされつつも、一方で、和の精神という、正

反対の補完原理も働いている。そのように、非常に不思議なシステムを組んでいますね。

日本神道は、おそらく、日本の最高指導神であるところの天御中主神《あめのみなかぬしのかみ》様と天照大神《あまてらすおおみかみ》様の性格が合体して、このようなかたちになっているのではないかと思うんです。

天御中主神様は、やはり、明治維新《いしん》のときの「富国強兵《ふこくきょうへい》」「殖産興業《しょくさんこうぎょう》」型の思想というか、「経済的にも富み、武力も強くなり、この世的にも勝利して、強い国をつくっていく」というような、力強い思想をお持ちの方だと思います。

一方、天照大神様は、「政治のなかに調和をつくり出そう」という機能を持っておられると思うのです。

この二体の神々がうまく調整して、日本というものができているような感じがいたします。

私の儒教《じゅきょう》の思想が、それと合致《がっち》しているかと考えますと、それに比べれば、儒教には、「学問性が非常に強い」という面があります。いわば、学問の思想ですね。「戦に強いかどうかよりも、学問のほうに重点がかなりあった」というところと、「礼学《れいがく》を好んだ」というところがあります。

「礼儀作法《れいぎさほう》」、あるいは、「音楽」と言ってはあれですけれども、そうした、たしなみといいますか、「振《ふ》る舞《ま》い」、「優雅《ゆうが》さ」等にも関心があったと言えます。

日本文明は神道《しんとう》と仏教を基本的な土台としている

孔子　したがって、日本と中国は、文化としては、必ずしも同じものではないと私は思います。

もちろん、「日本は儒教文化である」と考えてくださるのは結構ですし、徳《とく》川《がわ》以降の日本は、少し影響《えいきょう》を受けているのは事実ですし、古代にも交流があったことは事実です。

ただ、特に徳川時代に儒教の文化がかなり強かったことは事実だけれども、日本には、儒教より先に仏教が浸透《しんとう》しているし、仏教より先に日本神道《しんとう》の考えが深く入っておりますので、基調としている考えは、どちらかといえば、日本神道と仏教が融合《ゆうごう》したものです。それが、基本的な土台になっています。まあ、「重層的に、日本神道があって、その上に仏教が乗り、さらにその上に儒教が乗り、さらにその上に西洋の近代合理思想が乗っている」という、四層の文明構造になっているように思われますね。

要するに、中国文明と日本文明は、まったく同じものではなく、やはり、違いがあると考えてよいのではないでしょうかね。

九鬼　ありがとうございます。

それでは、質問者を替《か》わらせていただきます。

5 「修己治人《しゅうこちじん》」の思想的問題点

体制側の責任逃《のが》れに使われかねない思想

市川　本日は、ご降臨、まことにありがとうございます。私は、国際本部の市川と申します。

孔子　うーん。どこかで会ったような感じかな。

市川　ありがとうございます。

私からは、政治について質問させていただきます。

孔子 はい、いいですよ。

市川 孔子様は、人間完成の道を説かれ、「修己治人《しゅうこちじん》」、すなわち、「己《おのれ》自身を修《おさ》めてこそ、人々を治《おさ》めることができる」というお言葉も遺《のこ》っております。

そこで、理想の政治家像といいますか、「いかに人間として完成し、そこから、いかにして国を導き、国を司《つかさど》るか」という点につきまして、ご教示いただければと思います。

孔子 うーん。いやあ、それが理想だったんだけれどもねえ。ただ、現代の中国を見るかぎりは、必ずしも、それが通らないように見えますね。

私は、「まず人を修め、次に家を斉《ととの》え、さらに、国を治め、天下を平《たい》らげていく」、すなわち、「個人に始まり、家庭、社会、国家、そして、全体へと、小さなものから治めていく」という「修身斉家治国平天下《しゅうしんせいかちこくへいてんか》」の思想を持っていた。

しかし、現代の中国が持つ問題や、あるいは、現代だけでなく、秦《しん》の始皇帝《しこうてい》以降の中国の歴史の流れを見るかぎり、やはり、強大な統一国家とか、強い軍事力を背景にした国家ができたときには、個人ではいかんともしがたい面があったので、その思想には、十分でない面があるね。

社会が自由を保障しているような時代においては、その思想が非常に通用しやすいところはあるけれども、人々に対して、強烈《きょうれつ》な弾圧《だんあつ》を加えてくるような国家が存在する段階では、「まず、自分自身をつくることに励《はげ》みなさい」と言

って も、逆に、体制側の責任逃《のが》れに使われる可能性もある。だから、残念だけれども、必ずしも、その思想だけで、すべては解決しないと思いますね。
例えば、日本においても、政府への不満とか、いろいろなものがあろうと思いますけれども、「まず、個人個人が一生懸命《いっしょうけんめい》に働きましょう。自分が幸福になる方法を考えましょう」というようなことを、国家主導で国民に指導したとしたらどうなるか。それはやはり、中国や北朝鮮《きたちょうせん》のような国に近づく可能性があると思いますね。つまり、体制側から逆に使われたら、そのようになることがある。

易姓《えきせい》革命の思想が存在する理由

孔子　その考え方の反対側に、「易姓《えきせい》革命の思想」というものが存在している。すなわち、「国自体が、国民の幸福を害しているような場合には、革命家が現れて、多くの人々を解放しなければいけない」ということだね。そうして、弾圧から国民を解放した段階で、「人づくり」から「国づくり」に向かっていくべきかな。

また、革命家に当たる人のなかには、深く勉強した人が必要だね。深く勉強した思想は、一定の「臨界点《りんかいてん》」を超《こ》えた段階で、必ず行動に転化していく。高く上がっていった知力は、必ず社会を変革していく力になってくるのでね。

一定以上、瓶《かめ》に水を入れ続けると、その水が溢《あふ》れてくるように、勉強をし続けると、その力が認識力の高みとなって、社会のあるべき姿、国家のあるべき姿、未来のあるべき姿が見えてくる。そして、変えなければならないことや、やらなければならないことが見えてきて、「行動の原理」に転化してくることになる。

まあ、理想的には、万人《ばんにん》が聖人君子《せいじんくんし》を目指すべきであり、それはよいことであるけれども、この思想には、気をつけないと、「統治の原理で使われてしまう」という危険なところもあるわね。

日本国の憲法が、「人権規定の部分」と「統治規定の部分」とに分かれているように、両方があって初めて国が治まるところがあるので、やはり、「個人として努力すべき面」と、「公《おおやけ》として努力すべき面」と、両方を追求しなければばいけない。それを一元化していくことには、必ずしもよいとは言えない面があるね。

例えば、軍事政権下であれば、あなたがたが新しい宗教を広げようとしても、現実には無理でしょう。やはり、それを倒《たお》そうとすれば、こちらも銃《じゅう》を取って戦わざるをえなくなってくる。その場合、「自分の心を穏《おだ》やかにして、平らかにしましょう」という思想だけでは、無理が出てくるわね。

それは、世界には現実にあることだよね。だから、宗教組織であるにもかかわらず、銃を取っているところもある。彼らも、ある意味での理想を求めているのかもしれない。

イスラム教でも、そうだね。タリバンというのは、本来、〝神学校〟だったはずなのに、今はテロ組織のようにも言われている。

ここには、本当に難しい面があると思うね。

市川　ありがとうございます。

6　中国の行方《ゆくえ》と世界の流れ

民主化へのジレンマを抱《かか》えている中国の指導部

市川　次に、世界の政治の大きな流れについてお訊《き》きしたいと思います。今、中国では覇権《はけん》主義がとられていますが、民衆からの民主化を求める声がジワジワと出てきています。はたして、これから中国はどうなっていくのでしょうか。また、「世界の政治の潮流はどうなっていくのか」というところについても、ご教示いただければと思います。

孔子　私には、中国や朝鮮《ちょうせん》半島、日本についての関心がありますよ。まだ、私の教えが、部分的にでも遺《のこ》っている所ではあるのでね。

最近、中国では文化大革命が起きて、私の教えはかなり捨てられましたが、今、孔子の復活運動が起きてはおります。

それ自体は悪いことではないと思いますが、中国政府は、「孔子の思想は宗教性が比較《ひかく》的低い。これなら統治の原理に使える」と思っているのでしょう。「儒教《じゅきょう》には、『秩序《ちつじょ》を守る』という教えが入っているので、国民に勉強させても、うまく押《お》さえ込《こ》める」という考え方を持っていらっしゃるのかなとは思いますがね。

まあ、「世界の国々がアメリカ化することが幸福かどうか」ということについては、もうひとつ分かりかねるところがありますけれども、うーん……、そうだねえ。中国の統治者の心を読めば、「人民全体の意識は、それほど高くないと思っている」というところだろうかね。

「欧米《おうべい》の人たちは、高い教育水準と生活水準を持っていて、かなり意識が高いから、彼らには、自由に意見を言わせたり行動させたりして、民主主義政治をやらせることもよいのかもしれない。しかし、中国の場合、一部の人たちは、そうした階層には入っており、判断できる人が一割程度はいるかもしれないが、おそらく、九割ぐらいの人たちは、何も分からないだろう」と見ているのだと思うんですね。

要するに、彼らは、理論としてはすでに理解はできているんだけど、「啓蒙《けいもう》されていない九割の人たちに欧米型の自由を与《あた》えると、国の乱れにしかならない。必ずしも自由が善に向かうとは言えず、乱暴や暴動など、破壊《はかい》に向かっていく傾向《けいこう》が強い」と考えているんでしょう。

確かに、暴力や人殺し、略奪《りゃくだつ》、盗《ぬす》み、こんなものだって、「自由」といえば「自由」だからね。自由の裏に倫理規範《りんりきはん》がなければ、必ずそのようになるよね。

今の日本人は、震災《しんさい》とかが起きても、略奪や暴行、放火等を起こさないけれども、中国人からは、日本という国のほうが儒教国家のように見えているんだろうと思う。

中国は、そのジレンマを抱《かか》えているよ。指導部も分かっている。中国の指導部には、海外留学をした人も多いので、彼らも、他の国の進んだ面はよく分かってはいるけれども、「自国民に同じような自由を与えることは難しい。民度が上がるには、もう少し時間がかかるのかな」と考えているね。

彼らは、「中国には圧政的なものも残っているけれども、今、南部を中心にして経済的なレベルが上がってきている。香港《ホンコン》ぐらいのレベルになれば、ある程度の自由を与えても、議論ができて、自分たちで統治していけるが、今は全体的には難しい。まだ、強い政府というか、時によっては専制的な政府があるほうがよい。要するに、国民が個人の無力感を感じ、自由を得ることを諦《あきら》めて政府に従っていくほうが、秩序を守れる。そのほうが大きい」と見ているというところかねえ。

中国に「多元的価値観に基《もと》づく政党」が存在しえるか

孔子　「将来的に、中国はどうなるのか」ということですが、今は文明実験中だね。

今（収録当時、二〇一二年四月時点）、習近平《しゅうきんぺい》体制に移れるかどうかで内紛《ないふん》（薄熙来失脚事件《はくきらいしっきゃくじけん》）が起きておるけれども、これなども、「中国に政党制が入れるかどうか。例えば、二大政党とか、三党、四党というような、多元的な価値観に基《もと》づく政党が存在しえるかどうか」という文明実験が始まっているところだと思う。

しかし、政党として成立する前に、互《たが》いに粛清《しゅくせい》し合う関係のほうが先に立ってしまう。それは、統治の原理のなかに、「反対する者を弾圧《だんあつ》し、押さえつける」という原理がどうしても入ってくるからだね。

また、多数決だけでは必ずしも決められない面もある。指導者の数がいつも少ないからね。

中国は、毛沢東《もうたくとう》主義というか、その前のマルクス主義を、実質上、捨ててはいるんだけども、民主主義の原理で、では、「万国《ばんこく》の労働者よ……」ではないけれども、「中国の労働者たちが、みんなで中国の政治をやれるか」というと、「それほどまで民度は高くない」と考えているわけだね。

今も、「民衆派の政治家」と、「太子《たいし》党をはじめとする、家柄《いえがら》のよい、〝中国貴族〟の政治家」との二派で争っているわけだけども、これは、イギリスで言えば、保守党と労働党、アメリカで言えば、共和党と民主党のような流れではあろう。「これを両立できるか。政権交代ができるか」という争いになっているわけなんですよね。

今の胡錦濤《こきんとう》のほうは、いわば民衆派の代表であり、次の習近平は、やや貴族的というか、エリート方《がた》の代表ということになる。習近平は、支配階級の政治を目指しているので、葛藤《かっとう》が激しく起きているよね。

だから、「中国に、そういう文化が根づくかどうか。政権交代風にやれるようになるかどうか」というのは、実に難しい。本能的には、他方を圧倒《あっとう》的に弾圧していく気《け》があるのでねえ。

今、中国は、非常な混迷《こんめい》期に入っていこうとしているように見えるね。

イスラム教もイノベーションが必要な時期に入っている

市川　中国以外の世界的な政治の潮流や、今後の情勢の動き等について、何かお考えをお示しいただければと思います。

孔子　まあ、おたくの総裁が言っているとおりなのではないですか。

中国のような、無神論、唯物論《ゆいぶつろん》を建前《たてまえ》にした軍事独裁的な専制国家のほかにも、小さいながら軍事独裁国家はありますけれども、「そうした国々の民主主義体制への平和的な移行」という問題が、一つ、テーマとしてある。

もう一つには、やはり、「イスラム教系の国々をどうするか」という問題があるでしょうね。イスラム教も、もう旧《ふる》くなってきており、イノベーションが必要な時期に入ってきていると思うんです。

宗教としての教えや戒律《かいりつ》を守り続けている部分が、政治・軍事と一体化しているために、非常に難しいところがあって、戦争で負けないかぎり、宗教そのものを変えられないようなところがある。

ある意味で、イスラム教は、ムハンマドが戦争で勝って国を建て、国教にしてしまった宗教であるがゆえに、イスラム教国には、戦争で敗れないかぎり、宗教を変えないようなところがあるかもしれないね。

アメリカは、そういうことも考えてイラク侵攻《しんこう》をし、指導者を倒《たお》して民主主義化を進めようとしたけども、現実にはテロがずっと続いているような状況《じょうきょう》で、混沌《こんとん》状態が続いている。やはり、独裁者を求める国柄なのでね。

おそらく、次のイランも、同じ問題を抱えているだろう。政治・軍事と、神学あるいは宗教上の指導者とが一体化したときには、ものすごく強大な権力が生まれるのでね。

そういう人の側に、私が説いた「君子《くんし》の道」のような教えが入っておればいいけれども、そういうものが入っていなければ、実に醜《みにく》いものが生まれてくる可能性があると思いますね。まあ、ここが大きな課題でしょう。

キリスト教文明とイスラム教文明を中心とした争いに、どうやって決着をつけるか。これは大仕事の一つでしょうね。

今、まさしく、その問題にぶち当たっています。だからこそ、エル・カンターレという存在が、「これを解決しないかぎり、人類の未来がつくれない」と思って、今、動いておられるのだと思うんですよね。

幸福の科学の思想が中国を解放するだろう

孔子　でも、実際に影響《えいきょう》が出始めてきているように、私は感じますがね。中国も変わってきつつあるのを感じています。「中国が今までの中国ではなくなってきつつある。今、何か、新しい力が働いてきている」ということを感じますね。

要するに、今、中国の国民は、十九世紀の記憶《きおく》から見て、単なる西洋の植民地のようになることは拒否《きょひ》しており、「それとは違《ちが》った意味での解放がありえる」ということを感じつつはある。そのモデルが、今、始動し始めているのではないかなと思います。

おそらく、日本が、〝中国の解放者〟になるのではないでしょうかね。私は、そう思います。「日本が」という言い方が間違っているとするならば、「幸福の科学の思想が、中国を解放することになるのではないか」ということだと思いますね。

あなたがたが言っているゴールデン・エイジは、おそらく、「習近平の大中《だいちゅう》華帝国《かていこく》覇権主義が、幸福の科学の思想によって分解され、自由主義的で民主主義的な政治思想に移行する」という過程になると思いますね。

「歴史は繰《く》り返す」と言いますが、今、「幸福の科学の思想」と、「大中華帝国覇権主義という昔ながらのスタイル」とが、ぶつかってきております。

ただ、幸いなことに、アメリカやアジアの他の諸国も、今、幸福の科学の考え方に沿った動き方をし始めているのです。

やはり、一つの原動力が動いてくると、ほかにも影響が移っていくし、日本のマスコミにだって力がないわけではないので、今、幸福の科学が、日本のマスコミに大きな影響を与えつつあることが、ほかのところにも影響を与えつつあるように感じますねえ。

市川　ありがとうございます。

7　幸福の科学の「宗教としての未来」

宗教における「啓蒙《けいもう》の難しさ」

市川　次に、宗教についてお訊《き》きできればと思います。

孔子様が生きておられた時代の中国は、まだ、戦国の時代でした。そのため、当時の人々に対しては、なかなか神について説けなかったのではないかと感じています。

しかし、随所《ずいしょ》で「天《てん》」というお言葉を使われていますので、あの世について説かれようとしていたのではないかと感じられます。

また、幸福の科学の初期の霊言集《れいげんしゅう》のなかでは、「私は本来、神の世界を説きたい人間です」ともおっしゃっていました（前掲《ぜんけい》『大川隆法霊言全集　第15巻』参照）。

つきましては、今、孔子様が説きたいと思っておられる霊界観《れいかいかん》や宗教観、神の世界のことについて、お言葉を頂ければと思います。

孔子　まあ、難しいんですよ。これは、「啓蒙《けいもう》をどう捉《とら》えるか」ということになると思うんですけどね。

私が生きた時代はずいぶん昔ですから、民間伝承《でんしょう》や民間信仰《しんこう》として、霊界だとか、あの世だとか、魂《たましい》だとか、そういう話は、幾《いく》らでもあったわけです。

しかし、私には、ある意味での「学問の確立」を目指していたところがありましたのでね。つまり、「そうした民間の説話や伝承に基《もと》づく考えのなかには、いわゆる迷信《めいしん》が多いので、学問の確立を目指す段階においては、それから分離《ぶんり》しなければいけない面もあった」というところですね。

仏教にもそういう面があって、ある意味での合理主義を入れたところはあると思うんですよ。それまでの宗教に比べれば、やはり、非常に合理的で論理的な宗教だと思いますよね。

また、ソクラテスも「転生輪廻《てんしょうりんね》」や「魂のこと」については、ずいぶん語っていたんだけれども、ソクラテスが開いたとされる哲学《てつがく》は、後《のち》の世では、〝そちらの部分〟だけが忘れられてしまいました。つまり、宗教的部分だけが取り去られ、ソクラテスのつくった、論理的な、弁証法といいますか、ディベートを通じて真理に到達《とうたつ》する方法のほうが、「哲学」として残っていったように思いますね。

要するに、議論をすることによって真理を絞《しぼ》り出していく考えのほうが残ったわけです。この世的なディベート術、あるいは、レトリックを駆使《くし》しての議論術ですかねえ。そういうもののほうに哲学が流れていって、ソクラテスが本来持っていた信仰の部分は忘れられていった。

それは、分からないこともないんです。ソクラテス自身が、「ギリシャの古来の神々を信じていない」と言われて、「信仰に反する罪」で処刑《しょけい》されたわけですからね。

ソクラテスは、「そんなことはない。私は神を信じている。デルフォイの神《しん》殿《でん》の神託《しんたく》を受けて、やっているのだ」と言ったんだけれども、その神託自体が、「ソクラテス以上の智慧《ちえ》ある者はいない」というようなものであったために、それに対して、信仰心ある人たちが、ソクラテスを非難し、糾弾《きゅうだん》したわけです。これではまるで、全知全能のゼウスか何かのような言い方になりますからねえ。その結果、伝統的なギリシャの宗教からは一線を画したものになってしまったところはあったと思うんです。

確かに、ソクラテスには、「智慧の神」として、そういう面があったのかもしれませんけれども、現実的には、思ったようにいかないことが展開していくこともあります。

宗教が「政治運動」を進めていく上での注意点

孔子　私のほうも、基本的に、「理想の政治」というものが頭にはあったわけです。

幸福の科学で言えば、総裁はいろいろな教えを説いておられると思うが、このなかで、幸福実現党という政党に対して説いた教えや、その政党を中心に行《おこな》っている政治活動のところだけが大きく遺《のこ》ってしまえば、幸福の科学も政治運動の一つとして遺る可能性もありますしね。そういうことだって、「ない」とは言えないわけです。

今後、幸福の科学から、優秀《ゆうしゅう》な宗教家が次々と出てくるよりも、有力な政治家のほうがたくさん育って出てきて、政治運動のほうが中心になったならば、そうした新しい政治の主唱者ということになっていくかもしれませんね。

その場合は、宗教部門のところはどうなっていくか。

例えば、政治部門で活躍《かつやく》してきて、国民を治めるようになっていったり、海外に輸出されるようになったりすると、どうしても、宗教の違《ちが》いというものがあるので、政治のほうは、「宗教の違いを認め、それを信教の自由として保障する」ということになります。そうすると、将来的に、「政治運動が広がる」ということと、「幸福の科学という一つの宗教を全世界に広げる」という運動とが矛盾《むじゅん》してくる可能性もあると思うんですね。

つまり、「政治の原理」のほうが先にメジャー化した場合には、実際は、宗教のほうが小さくなっていく可能性があり、こちらのほうが、おとなしく一つの宗派でおさまって、政治の支援《しえん》団体にならなければ済まなくなることだってあるので、これが政治団体になってしまう可能性もないわけではありません。

逆に、宗教のほうが強くなってきますと、今度は、党が政治団体として生きていくためには、イスラム教的に、「他の宗教を一切《いっさい》許さない」というようなスタイルをとらなければならない場合もありえるので、これはまた、あなたが思っているスタイルとは違ったものができてしまうこともありえるでしょう。

だから、まだ、未来は〝藪《やぶ》の中〟だと、私は思いますね。

市川　ありがとうございます。

8　孔子の転生《てんしょう》の秘密

「ヨーロッパでの転生《てんしょう》」については読者の想像に任せたい

市川　最後の質問です。

『「宇宙の法」入門』（幸福の科学出版刊）に収録されている「孔子の霊言《れいげん》」のなかに、「かつて私は、中世のヨーロッパに転生《てんしょう》し、神聖ローマ帝国《ていこく》をつくろうとした」というようなお言葉がありました。

これは、理想的なキリスト教国家をつくろうとして、「ヨーロッパの父」と呼ばれたカール大帝のことでしょうか。それとも、神聖ローマ帝国の初代皇帝となったオットー一世のことでしょうか。

孔子　ハハハ。

市川　そのあたりの、過去世《かこぜ》の秘密を教えていただければと思います。

孔子　いやあ、それはねえ、「言わぬが花」という言葉がありまして、孔子はキリスト教と関係がないほうがよろしいんです。はい。

それは、霊界《れいかい》の秘密です。「『キリスト教と関係があった』と言われることは、孔子の霊言として、あまり効果的ではない」と、私は思いますので、ご想像にお任せしたいと思います。

「孔子には、そんなことはしないで、『中世ヨーロッパに儒教《じゅきょう》を広げた』と言ってほしい」というのが本来の筋《すじ》でございましょう。「なんで、モンゴルがヨーロッパを占拠《せんきょ》したときに、モンゴルを乗っ取り、儒教をモンゴルの国教にして、ヨーロッパに広げなかったのか」と言われかねません。それが、本当のところであろうと思います。「キリスト教系の人物として出た」というようなことを、自分の口から認めるのは、あまり好ましいこととは思われませんので、取り下げさせていただきたいと思います。

市川　失礼いたしました。

現在がどうなるかによって、未来の予定は変わる

市川　失礼ながら、もう一点、質問させていただきます。
経典《きょうてん》『黄金の法』（幸福の科学出版刊）には、「孔子は、西暦《せいれき》二二六〇年ごろ、現在のオーストラリアの地方に転生する」というように書かれています。そのあたりについて、何か……。

孔子　ええ。カンガルーとして生まれて、カンガルーの王様になる予定ですよ（会場笑）。まあ、これは冗談《じょうだん》ですけれども、あるいは、ヤギの角《つの》が生えているような人間で生まれて指導するのがよろしいのでしょうかね（笑）。

まあ、未来のことはね、すべて、まだ未定なんですよ。

現在が大事です。現在がどうなるかによって、未来の予定は変わってきますので、現在やろうとしていることを、一生懸命《いっしょうけんめい》なされるのがよろしいと思います。

未来の予定は、まだ、どうにでも変わっていくものでございます。

例えば、オーストラリアが今のままであったら、私が生まれる必要は特にないと思います。私が生まれるのであれば、オーストラリアは、おそらく、今の状態ではない状態になっているでしょう。

人口の移動があり、新しい人種の坩堝《るつぼ》ができてきて、新しい国が出来上がってくるような、そういう百家争鳴《ひゃっかそうめい》の時代が訪《おとず》れてくるようなことがあれば、私が出る可能性はあると思いますけれども、今のままのオーストラリアが、一、三百年後も続いているならば、私が生まれるよりは、〝羊飼いのイエス〟にでも行ってもらったほうがよろしいのではないかと思いますがねえ。

市川　はい。ありがとうございます。

九鬼　本日は、貴重なお教えを頂き、まことにありがとうございました。この教えを胸に刻み、みなで力を合わせて精進《しょうじん》してまいります。

9　幸福の科学大学へのアドバイス

「大川隆法の思想」を正確に後世に伝えていく努力を

孔子　とにかく、幸福の科学は多様な教えを含《ふく》んでいるので、全部を理解することができない人が、その一面を捉《とら》えて論評し、「こういうものだ」と捉えて動いていくことも多いと思うのです。

多面体を説明するのは、本当に難しいことかと思いますが、やはり、中心指導者としては、できるかぎりのことを後世に遺《のこ》すべきだと思います。大学等をつくられるのであれば、あなたがたは、その思想を克明《こくめい》に記録し、遺していく役割もしなければいけないと思いますね。

この世的な運動としては、どのようなかたちになっていくか、分からないところはありますけれども、大学、あるいは学問という聖域のなかで、その思想を十分に伝えていくことが大事ですね。

政治運動その他の現実的な運動のなかにおいては、いろいろなものとぶつかって、変質・変容していく可能性が十分あると思いますので、大学では、「大川隆法の思想は、どういうものであったか」ということを学問的に捉え、正確に後世に伝えていく努力をなさったほうがよいと思います。

宗教性を隠《かく》す方向に傾《かたむ》かないよう気をつけよ

孔子　ただ、ここにおいても注意すべきことがあります。

先ほど、「政治がメジャー化すると、宗教のほうの動きが取れなくなる場合もありうる」ということを言いましたが、大学というものをつくっても、大川総裁の思想を学問的に見せようとしすぎると、儒教《じゅきょう》と同じ運命をたどる恐《おそ》れがあります。

儒教と同じ運命をたどって、宗教性のところを〝隠《かく》しに入る〟ことも、当然、起きてきます。宗教性のところだけを抜《ぬ》いた残りの部分、すなわち、「この世の具体論」や「技術論」、あるいは、せいぜい「人生論」や「人生哲学《てつがく》」、「自己啓発《けいはつ》」のレベルまでで止《と》めたかたちで、学問としてまとめていく可能性は多分にあると思いますし、文部科学省等の指導下にあれば、そういう傾向《けいこう》も出てきやすいでしょう。

要するに、「『大学を卒業した』という認定を出すためには、ほかの大学と似たようなカリキュラムで、似たような内容を持っていなければいけない」という考えも、当然、出てくると思います。

そのへんをどうするかについては、制度上の問題はありますけれども、ある程度、宗教学というかたちで、幸福の科学の教えを全部、学問として取り入れることはできるわけだから、あまり、この世的にいい格好をするタイプの人が上に立ちすぎると、宗教性のところを隠し始めていくかもしれません。

結局、幸福の科学大学や学園をつくったことの意味が見失われ、宗教性を隠す方向に動いていくことがありえると思う。政治でも同じことが起きますけれども、大学でも同じことが起きてくると思います。

特に、一般《いっぱん》の学生をたくさん採《と》りたくなったら、宗教性をどんどん隠し始めて、例えば、「信仰《しんこう》のところは否定していてもいいんですよ。そのなかから導き出される具体的な産業論だけを学びなさい」とか、「宗教は学ばなくて構わないけど、うちは語学が優《すぐ》れていますから、語学の勉強だけにいらっしゃい」とか、そのようなことを言い始めることも、「ない」とは言えないと思うんですね。

もちろん、方便として、〝一般向けの入り口〟をつくることはあるかもしれませんが、やはり、究極のミッションから見れば離《はな》れていますので、勉強しすぎて〝六次元頭《あたま》〟になった人が、あまり上に立たないようにしたほうがよいでしょう。大学や学園等の指導者も気をつけたほうがよいと思いますね。

九鬼　ありがとうございました。御教《みおし》えを心に刻み、頑張《がんば》ってまいります。

孔子　はい。

大川隆法　（孔子に）ありがとうございました。

10　今回の霊言《れいげん》を振《ふ》り返って

「日本文明」と「中国文明」を明確に分けた孔子

大川隆法　まあ、「孔子」の範囲《はんい》内に収まるように努力なされているように思われました。

こういう九次元の魂《たましい》は、そうとう広がっているというか、茫漠《ぼうばく》な感じの魂なので、何をやっているかが、本当は分からないのです。

おそらく、人類の歴史に対し、いろいろなところで、いろいろなかたちでかかわっていると推定されるので、活動の全貌《ぜんぼう》を見破るのは、そんなに簡単なことではないと思います。いろいろなところに、そうとう入っているのでしょう。

これから先の問題としては、「孔子が、徳川《とくがわ》時代にどの程度までコミットしていたのか」というところであり、そのあたりについて、調べなければいけないかもしれません。

ただ、今回の霊言《れいげん》の注意点の一つは、日本神道《しんとう》を中心とする「日本文明」と「中国文明」を明確に分けたところです。ここは注目に値《あたい》します。このあたりに、何らかの意図が含《ふく》まれていると感じられるのです。

今後、おそらく、中国は、大中華帝国《だいちゅうかていこく》思想を広めるに当たり、「日本は、もともと中国文化圏《けん》の一部であった。だから、尖閣《せんかく》諸島も、琉球《りゅうきゅう》も、すなわち沖《おき》縄《なわ》も中国だし、実は、日本列島も中国だ。漢字を教えてやり、日本を文明化したのは中国だ」というようなことを主張しながら、すべてを吸い込《こ》んでいこうとするものと推定します。そこで、孔子の言葉として、「日本文明という、独立した、独自の文明があった」ということを話されたのだと感じるのです。

また、「幸福の科学の、この新しい思想が、中国の帝国主義的なるものを終わらせ、中国を次の時代に移行させる力になるのだ」ということも言われました。

このあたりのところにポイントがあったように感じられます。

幸福の科学が〝儒教的《じゅきょう》〟に流れていくことへの警告

大川隆法　さらに、「政治運動や学問運動を進めていくなかにも、宗教として消えていく可能性が一部あるので、気をつけなさい」ということも言われました。つまり、宗教であったものが〝儒教的《じゅきょう》〟に流れていくと、宗教でなくなってしまうわけです。

したがって、「当会の思想が、政治制度や官僚《かんりょう》制など、政《まつりごと》のシステムをつくるものとして利用されるようになる可能性もあれば、ソクラテス以降の哲学《てつがく》のように、宗教のところを切り離《はな》した学問として、学園や大学で使われるようになる可能性もある」というようなことへの警告も、同時になされたと取ってよいでしょう。このへんは、留意点として持っておきたいと思います。

やはり、きちんと修行《しゅぎょう》することが大切です。六次元的な人が学園理事長や学長にならないように、つまり、努力して、もう一段の悟《さと》りを開いた人が、連綿《れんめん》と後《あと》を継《つ》いでいくようにお願いしたいと思います。

知識だけを重視すると、やがて、六次元的な人が、学園理事長や学長として出てきて、だんだん、そちらのほうに絞《しぼ》っていき始めるでしょう。

いわゆる、この世での偏差値《へんさち》的な学校だけを考えると、そのなかで最高峰《さいこうほう》といわれる学校は、実は、六次元的なものです。しかし、「六次元的な意味での知識や技術で競争して、いちばん上」というのは、本当は宗教の世界における最高峰ではありません。

宗教でいう「愛」や「悟り」は、六次元的な意味での知育のレベルを超《こ》えたものであるので、テストで測《はか》ったり、点数化したりすることはできないのです。「愛の点数化」とか、「悟りの点数化」とかいうのは、そんなに簡単にできるものではありません。そういうことを考えていなければいけないのです。

だから、「真言宗《しんごんしゅう》がつくった高野山《こうやさん》大学のようなところであれば、幾《いく》ら霊的なことや仏様の話をしても別に困らないけれども、幸福の科学大学では、そういうことは控《ひか》えます」という感じになっていくようであれば、本末転倒《ほんまつてんとう》になります。「それに気をつけなさい」ということです。

そのあたりは、あまり妥協《だきょう》しすぎないようにしたほうがよいと思います。

それでは、以上としましょう。

『孔子の幸福論』大川隆法著作関連書籍

『黄金の法』（幸福の科学出版刊）

『「宇宙の法」入門』（同右）

※左記は書店では取り扱っておりません。最寄りの精舎・支部・拠点までお問い合わせください。

『大川隆法霊言全集 第15巻 孔子の霊言／孟子の霊言／老子の霊言』

（宗教法人幸福の科学刊）

孔子《こうし》の幸福論《こうふくろん》

2014年8月22日　初版第1刷

著　者　　大《おお》川《かわ》隆《りゅう》法《ほう》

発行所　　幸福の科学出版株式会社

〒107-0052 東京都港区赤坂2丁目10番14号

TEL(03)5573-7700

http://www.irhpress.co.jp/

印刷・製本　株式会社 堀内印刷所

落丁・乱丁本はおとりかえいたします

ISBN978-4-86395-523-3 C0030

写真：アフロ

大川隆法シリーズ・**最新刊（幸福論シリーズ）**

ソクラテスの幸福論

諸学問の基礎と言われる哲学には、必ず〝宗教的背景〟が隠されている。知を愛し、自らの信念を貫くために毒杯をあおいだ哲学の祖・ソクラテスが語る「幸福論」。

1,500円

キリストの幸福論

失敗、挫折、苦難、困難、病気……。この世的な不幸に打ち克つ本当の幸福とは何か。2000年の時を超えてイエスが現代人に贈る奇跡のメッセージ！

1,500円

ヒルティの語る幸福論

人生の時間とは、神からの最大の賜りもの。「勤勉に生きること」「習慣の大切さ」を説き、実業家としても活躍した思想家ヒルティが語る「幸福論の真髄」。

1,500円

アランの語る幸福論

人間には幸福になる「義務」がある——。人間の幸福を、精神性だけではなく科学的観点からも説き明かしたアランが、現代人に幸せの秘訣を語る。

1,500円

※表示価格は本体価格（税別）です。

大川隆法シリーズ・**最新刊**

ザ・ヒーリングパワー

病気はこうして治る

ガン、心臓病、精神疾患、アトピー……。スピリチュアルな視点から「心と病気」のメカニズムを解明。この一冊があなたの病気に奇跡を起こす!

1,500円

幸福学概論

個人の幸福から企業・組織の幸福、そして国家と世界の幸福まで、1600冊を超える著書で説かれた縦横無尽な「幸福論」のエッセンスがこの一冊に!

1,500円

文部科学大臣・下村博文
守護霊インタビュー②

大学設置・学校法人審議会の是非を問う

「学問の自由」に基づく新大学の新設を、〝密室政治〟によって止めることは許されるのか? 文科大臣の守護霊に、あらためてその真意を問いただす。

1,400円

幸福の法

人間を幸福にする四つの原理

真っ向から、幸福の科学入門を目指した基本法。愛・知・反省・発展の「幸福の原理」について、初心者にも分かりやすく説かれる。

1,800円

心を癒す ストレス・フリーの幸福論

人間関係、病気、お金、老後の不安……。ストレスを解消し、幸福な人生を生きるための「心のスキル」が語られた一書。

1,500円

幸福へのヒント

光り輝く家庭をつくるには

家庭の幸福にかかわる具体的なテーマについて、人生の指針を明快に示した、珠玉の質疑応答集。著者、自選、自薦、自信の一書。

1,500円

大川隆法ベストセラーズ・「幸福の科学大学」が目指すもの

宗教学から観た「幸福の科学」学・入門

立宗 27 年目の未来型宗教を分析する

幸福の科学とは、どんな宗教なのか。教義や活動の特徴とは？ 他の宗教との違いとは？ 総裁自らが、宗教学の見地から「幸福の科学」を分析する。

1,500 円

仏教学から観た「幸福の科学」分析

東大名誉教授・中村元と仏教学者・渡辺照宏のパースペクティブ（視覚）から

仏教は「無霊魂説」ではない！ 仏教学の権威 中村元氏の死後 14 年目の衝撃の真実と、渡辺照宏氏の天上界からのメッセージを収録。

1,500 円

幸福の科学の基本教義とは何か

真理と信仰をめぐる幸福論

進化し続ける幸福の科学──本当の幸福とは何か。永遠の真理とは？ 信仰とは何なのか？ 総裁自らが説き明かす未来型宗教を知るためのヒント。

1,500 円

比較宗教学から観た「幸福の科学」学・入門

性のタブーと結婚・出家制度

同性婚、代理出産、クローンなど、人類の新しい課題への答えとは？ 未来志向の「正しさ」を求めて、比較宗教学の視点から、仏陀の真意を検証する。

1,500 円

Noblesse《ノーブレス》 Oblige《オブリージ》 「高貴なる義務」を果たす、「真のエリート」を目指せ。

幸福の科学学園

中学校・高等学校（那須本校）

Happy Science Academy Junior and Senior High School

私は、
教育が人間を創ると
信じている一人である。
若い人たちに、
夢とロマンと、精進、
勇気の大切さを伝えたい。
この国を、全世界を、
ユートピアに変えていく力を
出してもらいたいのだ。
（幸福の科学学園 創立記念碑より）

幸福の科学学園 創立者
大川隆法

幸福の科学学園（那須本校）は、幸福の科学の教育理念のもとにつくられた、男女共学、全寮制の中学校・高等学校です。自由闊達な校風のもと、「高度な知性」と「徳育」を融合させ、社会に貢献するリーダーの養成を目指しており、2014年4月には開校四周年を迎えました。

Noblesse《ノーブレス》 Oblige《オブリージ》

「高貴なる義務」を果たす、
「真のエリート」を目指せ。

2013年 春 開校

幸福の科学学園
関西中学校・高等学校

Happy Science Academy
Kansai Junior and Senior High School

私は日本に
真のエリート校を創り、
世界の模範としたい
という気概に満ちている。
『幸福の科学学園』は、
私の『希望』であり、
『宝』でもある。
世界を変えていく、
多才かつ多彩な人材が、
今後、数限りなく
輩出されていくことだろう。

（幸福の科学学園関西校 創立記念碑より）

幸福の科学学園 創立者
大川隆法

滋賀県大津市、美しい琵琶湖の西岸に建つ幸福の科学学園（関西校）は、男女共学、通学も入寮も可能な中学校・高等学校です。発展・繁栄を校風とし、宗教教育や企業家教育を通して、学力と企業家精神、徳力を備えた、未来の世界に責任を持つ「世界のリーダー」を輩出することを目指しています。

幸福の科学学園・教育の特色

「徳ある英才」の創造

教科「宗教」で真理を学び、行事や部活動、寮を含めた学校生活全体で実修して、ノーブレス・オブリージ(高貴なる義務)を果たす「徳ある英才」を育てていきます。

体育祭

天分を伸ばす「創造性教育」

教科「探究創造」で、偉人学習に力を入れると共に、日本文化や国際コミュニケーションなどの教養教育を施すことで、各自が自分の使命・理想像を発見できるよう導きます。さらに高大連携教育で、知識のみならず、知識の応用能力も磨き、企業家精神も養成します。芸術面にも力を入れます。

探究創造科発表会

一人ひとりの進度に合わせた「きめ細やかな進学指導」

熱意溢れる上質の授業をベースに、一人ひとりの強みと弱みを分析して対策を立てます。強みを伸ばす「特別講習」や、弱点を分かるところまでさかのぼって克服する「補講」や「個別指導」で、第一志望に合格する進学指導を実現します。

授業の様子

自立心と友情を育てる「寮制」

寮は、真なる自立を促し、信じ合える仲間をつくる場です。親元を離れ、団体生活を送ることで、縦・横の関係を学び、力強い自立心と友情、社会性を養います。

毎朝夕のお祈りの時間

幸福の科学学園の進学指導

1 英数先行型授業

受験に大切な英語と数学を特に重視。「わかる」(解法理解)まで教え、「できる」(解法応用)、「点がとれる」(スピード訓練)まで繰り返し演習しながら、高校三年間の内容を高校二年までにマスター。高校二年からの文理別科目も余裕で仕上げられる効率的学習設計です。

2 習熟度別授業

英語・数学は、中学一年から習熟度別クラス編成による授業を実施。生徒のレベルに応じてきめ細やかに指導します。各教科ごとに作成された学習計画と、合格までのロードマップに基づいて、大学受験に向けた学力強化を図ります。

3 基礎力強化の補講と個別指導

基礎レベルの強化が必要な生徒には、放課後や夕食後の時間に、英数中心の補講を実施。特に数学においては、授業の中で行われる確認テストで合格に満たない場合は、できるまで徹底した補講を行います。さらに、カフェテリアなどでの質疑対応の形で個別指導も行います。

4 特別講習

夏期・冬期の休業中には、中学一年から高校二年まで、特別講習を実施。中学生は国・数・英の三教科を中心に、高校一年からは五教科でそれぞれ実力別に分けた講座を開講し、実力養成を図ります。高校二年からは、春期講習会も実施し、大学受験に向けて、より強化します。

5 幸福の科学大学(仮称・設置認可申請中)への進学

二〇一五年四月開学予定の幸福の科学大学への進学を目指す生徒を対象に、推薦制度を設ける予定です。留学用英語や専門基礎の先取りなど、社会で役立つ学問の基礎を指導します。

授業の様子

詳しい内容、パンフレット、募集要項のお申し込みは下記まで。

幸福の科学学園 関西中学校・高等学校

〒520-0248
滋賀県大津市仰木の里東2-16-1
TEL.077-573-7774
FAX.077-573-7775
[公式サイト]
www.kansai.happy-science.ac.jp
[お問い合わせ]
info-kansai@happy-science.ac.jp

幸福の科学学園 中学校・高等学校

〒329-3434
栃木県那須郡那須町梁瀬 487-1
TEL.0287-75-7777
FAX.0287-75-7779
[公式サイト]
www.happy-science.ac.jp
[お問い合わせ]
info-js@happy-science.ac.jp

仏法真理塾

サクセスNo.1

未来の菩薩を育て、仏国土ユートピアを目指す！

仏法真理塾「サクセスNo.1」とは

宗教法人幸福の科学による信仰教育の機関です。信仰教育・徳育にウエイトを置きつつ、将来、社会人として活躍するための学力養成にも力を注いでいます。

サクセスNo.1 東京本校（戸越精舎内）

「サクセスNo.1」のねらいには、「仏法真理と子どもの教育面での成長とを一体化させる」ということが根本にあるのです。

大川隆法総裁　御法話『サクセスNo.1』の精神」より

仏法真理塾「サクセスNo.1」の教育について

信仰教育が育む健全な心

御法話拝聴や祈願、経典の学習会などを通して、仏の子としての「正しい心」を学びます。

学業修行で学力を伸ばす

忍耐力や集中力、克己心を磨き、努力によって道を拓く喜びを体得します。

法友との交流で友情を築く

塾生同士の交流も活発です。お互いに信仰の価値観を共有するなかで、深い友情が育まれます。

●サクセスNo.1は全国に、本校・拠点・支部校を展開しています。

東京本校	TEL.03-5750-0747	FAX.03-5750-0737
名古屋本校	TEL.052-930-6389	FAX.052-930-6390
大阪本校	TEL.06-6271-7787	FAX.06-6271-7831
京滋本校	TEL.075-694-1777	FAX.075-661-8864
神戸本校	TEL.078-381-6227	FAX.078-381-6228
西東京本校	TEL.042-643-0722	FAX.042-643-0723
札幌本校	TEL.011-768-7734	FAX.011-768-7738
福岡本校	TEL.092-732-7200	FAX.092-732-7110
宇都宮本校	TEL.028-611-4780	FAX.028-611-4781
高松本校	TEL.087-811-2775	FAX.087-821-9177
沖縄本校	TEL.098-917-0472	FAX.098-917-0473
広島拠点	TEL.090-4913-7771	FAX.082-533-7733
岡山本校	TEL.086-207-2070	FAX.086-207-2033
北陸拠点	TEL.080-3460-3754	FAX.076-464-1341
大宮拠点	TEL.048-778-9047	FAX.048-778-9047

全国支部校のお問い合わせは、
サクセスNo.1 東京本校（TEL. 03-5750-0747）まで。
メール info@success.irh.jp

エンゼルプランV

信仰教育をベースに、知育や創造活動も行っています。

信仰に基づいて、幼児の心を豊かに育む情操教育を行っています。また、知育や創造活動を通して、ひとりひとりの子どもの個性を大切に伸ばします。お母さんたちの心の交流の場ともなっています。

TEL 03-5750-0757　FAX 03-5750-0767
メール angel-plan-v@kofuku-no-kagaku.or.jp

ネバー・マインド

不登校の子どもたちを支援するスクール。

「ネバー・マインド」とは、幸福の科学グループの不登校児支援スクールです。「信仰教育」と「学業支援」「体力増強」を柱に、合宿をはじめとするさまざまなプログラムで、再登校へのチャレンジと、進路先の受験対策指導、生活リズムの改善、心の通う仲間づくりを応援します。

TEL 03-5750-1741　FAX 03-5750-0734
メール nevermind@happy-science.org

ユー・アー・エンゼル!(あなたは天使!)運動

障害児の不安や悩みに取り組み、ご両親を励まし、勇気づける、障害児支援のボランティア運動です。学生や経験豊富なボランティアを中心に、全国各地で、障害児向けの信仰教育を行っています。保護者向けには、交流会や、医療者・特別支援教育者による勉強会、メール相談を行っています。

TEL 03-5750-1741　FAX 03-5750-0734
メール you-are-angel@happy-science.org

シニア・プラン21

生涯反省で人生を再生・新生し、希望に満ちた生涯現役人生を生きる仏法真理道場です。週1回、開催される研修には、年齢を問わず、多くの方が参加しています。現在、全国8カ所(東京、名古屋、大阪、福岡、新潟、仙台、札幌、千葉)で開校中です。

東京校 TEL 03-6384-0778　FAX 03-6384-0779
メール senior-plan@kofuku-no-kagaku.or.jp